vmn

Mer kann's ja mal saache

Heiteres und Besinnliches
in hessischer Mundart
von Kurt Bambach

Verlag Michaela Naumann

Gesamtherstellung: Danuvia Druckhaus Neuburg GmbH,
86633 Neuburg/Donau

Zeichnungen: Atelier Schwandt, Ahlen

Meiner lieben Marianne gewidmet

Die Deutsche Bibliothek – CIP-Einheitsaufnahme

Bambach, Kurt:
Mer kann's ja mal saache:
Heiteres und Besinnliches in hessischer Mundart /
von Kurt Bambach
– Nidderau : Naumann, 1997
ISBN 3-924490-86-4

Vorwort

Wohl vieles passiert im Leben – Heiteres, Ernstes, Nachdenkliches – und allem muß man sich, je nachdem, mit Freude oder Wehmut stellen. Doch unterschiedlich sind die Reaktionen, wie die verschiedenartigen Lebensabläufe von jedem Menschen aufgenommen oder verkraftet werden. Von übertriebener Euphorie bis hin zu depressisem Verhalten reichen hier die Erscheinungsbilder.

Gut dran sind wohl die Menschen, die auch trotz mancher schweren Lebensbelastung immer versuchen, auch dann noch Positives zu entdecken. Gewiß ist das nicht immer einfach, doch mit entsprechender Bemühung (vielleicht auch mit Blick auf noch Schlechteres) gelingt da schon manches. Möglicherweise ist es auch oft die vorbildliche Lebensmeisterung und Haltung anderer, die genauso negativ betroffen sind. Es kann mitunter deren Leben etwas aufmuntern und ein bißchen Mut machen.

Auf keinen Fall sollte man sich solchen nachahmenswerten Beispielen verschließen oder resignieren, sondern vielmehr versuchen, ähnlich zu agieren.

Aus Erfahrung kenne ich solche unterschiedlichen Lebenseinstellungen und kann zu einer positiven Haltung nur raten.

Sollte das Lesen dieses Büchleins eine kleine Hilfe dafür sein, wäre das ganz im Sinne des Autors.

Also, viel Freude beim Lesen!

Kurt Bambach

Inhalt

©SCHWANDT

Trotzdem

Des klappt net, un des is nix,
net laafe könne, liehe duht weh,
müd un mörb is mer ganz fix,
des Ganze nervt, is gar net schee.

Grenze gibt es da üwwerall,
net uffzuzähle die Bereiche,
mer is halt en besonn're Fall
un kann so vieles net erreiche.

Vom Rollstuhl aus – is hier gemaant –
die Lebensqualität is schmal,
von frühre Zeite werd getraamt,
was sonst normal war, is jetzt Qual.

Aach wenn aam oft die Kraft verläßt,
es hilft wohl nix, da kopplos werrn,
weil dann der Kram vielmehr noch streßt,
des hat doch sicher Kaaner gern!

Besser, mer denkt: Trotzdem! Erst recht!
Was geht, des sollt mer genieße!
Zuviel Gedanke wenn mer sich mecht,
duht's aam des »bißje« noch vermiese!

Vorsatz

Vorgenomme hat sich de Gustav jetzt,
er lebt bewußter, sprich: gesund.
Mehr uff Gemüs, Salat werd g'setzt;
vitaminreich Kost mecht net so rund.

Es is ja schlimm mit seinem Bauch,
er sieht mitunner sei Fieß net mehr,
verbrennt werd net, was er verbrauch',
dabei wär's leicht un gar net schwer.

Er wohnt im Gärtnerdorf Oberrad,
mitte im Vitamingeschehe,
des net nutze is aafach schad,
sei Klara duht's aach verstehe.

Im Wechsel die Gemüsesorte,
Radiesjer gibt's, Rettich, Salat,
Grie Soß, sonntags Rhabarbertorte,
er strotzt vor Kraft un is uff Draht.

So lewe, des is immer wichtich,
laufend en Vitaminestoß,
fer die Gesundheit is des richtich,
schnell paßt er widder in die Hos.

Des Lebensrad

Es dreht sich schnell, mer merkt's oft net,
ruff un runner, aach manchmal quer,
als aagehalte mer's gern hätt',
bei Spaß un Frohsinn, ohne Malör.

Doch des geht net, es lääft als weiter,
verschieden isses bei der Fahrt,
e Wechselspiel – trüb, widder heiter,
sich Lebensfreud mit Trauer paart.

Un was passiert, des is vorbei,
französisch heißt des schlicht »passe«,
so vieles sollte anners sei,
erst hinnenach kimmt manch Idee.

Es geht oft alles viel zu schnell,
Tempo, Hektik is zu spürn,
gedanklich läßt uff alle Fäll
mer Abschnitte »Revue passiern«.

Dann werd es träger – lääft net so flott,
des Getriebe is verbraucht un müd,
mer blickt als nuff zum liebe Gott –
en Lichtblick da so mancher sieht.

Uff aamal steht's ... is Stromausfall.
Bei Störunge kimmt's oft zu früh.
Notstrom gibt's kaan – dann isses all,
un Einfluß hat mer dadruff nie.

Des war's, die Fahrt werd fortgesetzt –
woanners, doch uff kaan Fall hier,
gelassener, net so gehetzt,
kaa Störung gibt's da, denk ich mir.

Des Telefon

Wenn's des net gäb, da wär' er krank –
de Franz is ständich an de Stripp.
Un aans is sicher, Gott sei Dank:
Er holt sich manchen guten Tip!

Net nur bei Freunde, Omas, Tante,
den Service nutzt er von de Post,
un wem des fremd is – eine Schande,
weil des ja nur paar Pfennich kost'.

Er kann zum Beispiel schee erfahrn,
wie's Wetter werd, die Lottozahle,
die Uhrzeit un so manch Verfahrn,
was Kinos duhe grad ausstrahle.

Gesundheit, Börse, Lotterie,
Gedichte, Kurzprosa un so,
Tanz, Unterhaltung – sprich: wohie?
Theater, Oper, Fußballtoto.

Wasserständ' un wo Konzerte,
mer kann sich gut da informiern,
Rezeptvorschlääch, so manch Offerte,
wohie die Polle sich chauffiern.

Fern Wintersport un Segelfluch,
Eikaufstips, was es Fernsehn bringt,
ich lasses jetzt – es wär' genuch,
weil des ja sonst kaa End hier nimmt.

Fer'n Franz is Telefon ganz wichtich,
doch sei Freunde hat's als schon verletzt,
sie warn ganz owwedraus da richtich,
weil dauernd war's bei ihm besetzt.

Jetzt duht er des uff nachts verschiebe,
da schlafe ja sei Freunde all,
er hat sein »Service« un sein Friede –
is billiger, un er bleibt am Ball!

Vergeßt nix

Plane, richte, vorbereite,
daß alles klappt fers Weihnachtsfest,
bedenkt die viele Klaanichkeite,
wart' net zu lang – sonst gibt's nur Rest!

Kaan vergesse: Onkel, Tante ...
fer jeden was, des mecht doch Freud,
mer schätzt ja all sei Anverwandte,
des sin ja schließlich aam sei Leut.

Un aach die Freunde drumerum,
die warte uff en Gruß gewiß,
des mecht mer, weil mer is net dumm,
per Telefon – weil's billicher is.

Dann sollt mer an sich selbst aach denke,
es kimmt doch en Kalorieestoß:
De Maache duht mer sich verrenke
mit Gans un Stolle – schwer was los!

Drum leecht mer des schon jetzt parat:
Pfefferminz – un Kamilletee.
Wär's net im Haus, des wär doch schad,
am Fest däht sonst de Bauch orsch weh!

Geht an die Luft un tankt Sauerstoff,
des brauch mer doch, des is wichtich,
uff kaan Fall Ärjer odder Zoff –
Besinnlichkeit un Ruh is richtich!

Konstant

»Beständich« heißt des ja wohl aach,
schon uff fällt des ganz viele Woche.
Vom Wetter is die Redd – kaa Fraach,
am liebste hätt mer sich verkroche!

Reeche, Wind un kalt noch dezu,
mer traut sich kaum da uff die Gass'.
Mit Anorak un warme Schuh
sieht mer die Leut – vor Kält ganz blaß.

Un des im Wonnemonat Mai!
Die Vööchel piepse ganz verkehrt!
Mer hat sich g'freut: de Winter vorbei –
nur unzufriddene Leut mer hört.

Awwer Geduld – es werd schon werrn,
vielleicht kimmt glei Sommer, trocke, haaß.
Des Konstante is aach nix fers Hern,
des mecht aam ganz mörb, wie mer waaß!

Doch muß mer's nemme, wie es is,
ännern kann mer's sowieso net,
un isses als de größte Schiß –
nie werd es so, wie mer's gern hätt'!

Des Ebbelweimückche

De Franz is tierlieb. Wo's aach is,
sieht er e Mück im Ebbelweiglas,
nimmt er e Messer, ganz gewiß,
befreit die aus dem kühle Naß.

Ich maan dehaam: Er trocknet die,
geht mit ihr naus uff de Balkon.
Die is zwar voll erst – aber wie –,
doch bald sieht er Beweechung schon.

Erst zwaa, dann vier, uff aamal sechs –
die Beincher zapple. Er haucht se an.
Erfolch hat er un is perplex,
weil die sich widder beweeche kann.

Nur sin die Flüchel net ganz trocke,
sie dorzelt noch un hat die »Ratt«,
en Aacheblick bleibt se noch hocke,
dann hebt se widder ab – ganz glatt.

Die werd sich freue – des war schee –
un fliecht erst Kurve, orsch betroffe,
doch bald duht ihr dann nix mehr weh.
Sie war halt mal umsonst besoffe!

Ebbelweisprach

Baafe, petze, schläuche, schlucke,
schwabbele, robbe, Schnut schee tunke –
wie en Drallaff duht er gucke,
nachdem de Bembel leergetrunke.

Des Gerippte festumklammert,
nachem Handkäs un em Rippche
sein Schlund is trocke, er jammert,
langsam – weil er muß uffs Dippche.

De »Faulenzer« duht mit'm lache,
en volle Bembel hängt dadrin,
sei Dorschtgefühl duht neu erwache.
Bin glei widder da, so tönt sei Stimm.

Er baaft noch e paar un mecht dann haam.
Natürlich hatt' er schee die »Knatter«.
Sei Babbelschnut war lennelahm –
dehaam dann awwer ihr Geschnatter:

Du Volleul! Biste endlich da,
was haste ja widder die »Ratt«! –
Er redd nix, üwwergeht sei Fraa.
Hauptsach, kaan Dorscht mehr – un schee satt!

De Frühling

Bald is geschafft, es lacht des Herz,
die Sonn hat Kraft – mir hawwe März!
Krokuss', Tulpe, Forsythie lache,
Frühling in Sicht – nix draa zu mache!

E lauwarm Lüftche kann mer spürn,
es Gemüt werd wach, viel duht sich rührn.
Leichter Kleidung, kaa lang Unnerhos.
Vom Freiland kimmt jetzt die »Grie Soß«.

De Winter war lang. Endlich mehr naus!
Es riecht ganz anners, geht mehr vors Haus!
Aach dehaam lebt sei Fraa so richtich uff.
En Frühlingsstrauß kriehtse – da steht se druff.

De Sommer

Herrlich Zeit un viel Nackedeis,
mer sieht die Leut mit Dutte Eis!
Sommernachtfeste, Grillwörscht, G'spritzte!
Ziehste viel aa – ich waaß –, da schwitzte!

Urlaub, Gammele, Sonnebrand –
is worscht, ob dehaam odder am Strand.
Mer zücht die Faulheit – so odder so.
Schon die leicht Kleidung stimmt aam froh.

Nur wenn's zu heiß, Stöhne, Gejammer,
da sin so viel ganz dorschenanner!
Ach, könnt mer speichern, des wär gut,
im Winter mer des brauche duht.

Des geht halt net, Hitz eizumache,
da dähte viele Leut wohl lache!
So vieles, was aam im Sommer schlaucht,
des würd doch im Winter gut gebraucht.

De Herbst

Newwel, trüb, orsch kühl un aach naß.
Kappe, Scherm' sin die Begleiter.
Im Freie hocke mecht kaan Spaß,
die Vööchel mache fort dann – leider!

De Ludwich is zurückgezooche,
er duht fern Winter alles richte,
un schnell geht's als – is net gelooche,
da gibt's net viel erumzudichte.

Doch aans, des duhe viel genieße:
Es gibt dann widder frische »Sieße«!

De Winter

Eis un Schnee, mitunner orsch kalt,
trist un dunkel, naß un glatt,
es schuckert aam, mer friert da halt,
die Jahreszeit hat mer bald satt!

Natürlich gibt's aach scheene Sache:
de Wintersport, die Weihnachtszeit,
dekoriert is schee – Herze lache,
Glühwein, Plätzjer stehn da bereit!

Ins neue Jahr geht's dann enei
mit viel Vorsätz' – oft werd's nix!
Mer müßt da schon stabiler sei –
viel Ausredde und faule Tricks!

Mitunner lang, die Winterzeit,
bis Wärm kimmt un Natur erwacht,
un jeder wart', bisses is soweit,
unser Sonn dann wieder richtich lacht!

Kindlich

Kindlich derf mer ruhich mal sei,
so ganz wie früher, seinerzeit.
Paßt aam was net – e Mordsgeschrei,
doch jetzt treibt des de Jean zu weit:

Kinnisch war er un wollte partout
en Kinnerteller mit Pommfritt,
e Limo aach wollt er dezu,
däht net so stinke wie 'n »Handkäs mit«!

Älterwerrn

Älter werrn will kaaner,
doch kimmt mer net drumrum,
viele werrn da zahmer,
de Scheitel kämmt mer krumm.

Was heißt »Scheitel« – fast kaa Haarn,
Zahnersatz owwe, unne.
Gallestaa hat de Fritz erfahrn,
Fett im Blut hat mer gefunne.

Des Kreuz duht weh un dicke Fieß,
die Aache verliern ihrn Schei',
aach de Kreislauf is als mies.
So isses halt, des Ältersei'!

Wer glaabt, mer könnt des ignoriern,
er müßt kaa »Feddern lasse«,
der kann e bissi wohl kaschiern –
doch aamal muß er »passe«!

Danke

E wichtich Wort, aach fern Mudderdaach:
Mer drückt se herzlich, duht draa denke,
erwähnt ihre Liebe, Müh un Plaach,
duht Blumme un aach Süßes schenke.

Sie freut sich, in ihrm Herz scheint Sonn.
»Ich hab doch alles gern gemacht!«
Doch is des Lob fer sie e Wonn,
wenn diese Ehr' ihr wird erbracht.

Geschenke

Geschenke mache aafach Freud,
aach klaane Dinger duht mer schätze,
schon immer war des, net erst heut:
Uffmerksamkeite duhn ergötze.

Anläss' gibt es im Lewe viel,
wo mer Geschenke mache kann,
aach ohne Anlaß e schee Gefühl,
bringt mer zum Beispiel Blumme an.

Aach durch Worte kann mer schenke
Lieb, Besorgnis un Herzlichkeit.
Die des kriehe duhn schon denke,
sin aach zur »Geeschelieb« bereit.

Des üwwerträächt sich in jedem Fall,
aach e Geschenk is en »scheene Daach«,
des wisse sollte eichentlich all,
da gibts's kaan Grund fer eine Klaach!

»Null Bock!«

Die Reddensart kann mer oft hörn
von viele Leut, in viel Bereiche!
Verpflichtunge, Streß duhn halt störn,
viel duhn aam noch de Voochel zeiche!

De Gustav net! Doch waaß mer's glei –
des zeicht sei Mimik, sei Visaasch:
»Abtrockne? Naa!« Heut net debei,
»Null Bock!« – Sei Lies bringt des in Raasch!

Besinnung

Besinnlichkeit, die kimmt schon oft,
mer denkt an vieles, was so war,
aach ganz spontan un unverhofft
komme Gedanke – des is wahr.

Des war wohl falsch, duht mer dann denke,
mehr Sachlichkeit in viele Sache.
Warum daht mer des so nur lenke?!
Leider is nix mehr draa zu mache!

Doch fer die Zukunft, des is wichtich,
mer stellt sich um, duht mehr beachte:
Gut durchdacht is immer richtich,
mehr um sich hörn, gelasse, sachte!

Dann kimmt vielleicht e inner Stimm:
»Laß besser sei, des mechste net,
was da erauskimmt, des is doch schlimm!«
»Aa Glück«, sechste un bist gerett'.

Ganz ohne isses nix

Gemüs ißt er gern un aach Salat,
Kartoffele müsse viel debei,
doch ganz so ohne is halt schad,
e bissi Flaasch, des müßt schon sei.

Vor allem Soß – dann wär's komplett!
Er knaatscht, da sei Kartoffel mit
en Schoppe wenn dezu er hätt',
dann lobt er se, sei lieb, gut Gritt.

Nur geliehe

Geliehe is in unsrer Welt,
was wir erschaffe un besitze
– Hab un Gut, des ganze Geld –,
un duhn wir noch so schaffe, schwitze.

Aach des gut Gelinge, Glück,
Anerkennung, Lob un Ehre –
alles bleibt hier doch zurück.
Versucht werd meist, des zu vermehre.

Viele gibt's, die duhn oft so,
als wär des alles Eigentum,
lewe gedankenlos un froh,
die stört gar net des Drumerum.

Doch kimmt die Zeit – wann, waaß mer net –,
da is des Dasein hier vorbei.
Wohl viel mer gern geännert hätt',
drum stellt mer sich schon jetzt druff ei.

Hypochonder

De Vinzenz is en Hypochonder,
von Arzt zu Arzt stets unnerweechs,
viel Jammern, Stöhne – ja, des konnter!
De Fraa ging's ganz schee uff de Keks!

Jetzt geht er in' Verein zum Singe,
des mecht ihn widder munter,
er singt sich frei, is froher Dinge,
so was, des werkt schon Wunder!

Die Zukunft

Was se uns bringt, wisse mer net,
des bleibt halt immer offe,
problemlos mer gern alles hätt',
doch da gibt's aans nur: hoffe!

Daß sich alles gut gestaltet,
Frieden, Freiheit, satt zu esse,
unser Habe werd gut verwaltet,
Gesundheit bleibt – net zu vergesse.

Doch ganz von allaa werd's net passiern,
mer muß da selbst schon mitmache,
mit'm Geist, de Seel' – des schee dosiern,
dann gibt's schon Kraft fer all die Sache.

Also nur Mut, en klare Blick,
Hoffnung derf mer uff kaan Fall verliern,
mit Glaube, Liebe kimmt oft des Glück,
vielleicht duht Gutes mer da spürn.

De Kugelschreiber

Was war der treu, hat viel geschafft,
is üwwerall debeigewese!
Notiert hat der gewissenhaft!
Was der gewirkt hat, konnt mer lese!

Da warn aach Sache, net so schee,
bei dere massisch Niederschrift,
mitunner daht des aach mal weh,
doch nur die Wahrheit schrieb der Stift.

Was so passiert, hat der geschriwwe,
Freudiges, aach Leid un Kummer,
in Kurzform oft, nie üwwertriewwe.
Er war doch stets e »wichtich Nummer«.

Weh' dem, er war mal net debei,
des Umfeld war da richtich krank,
was war dann als e Sucherei,
im Sakko fand mer'n – Gott sei Dank!

Un aach dehaam viel Schreibkram war,
Briefe, Karte un Notize,
er war wohl gefraacht des ganze Jahr,
ganz haamlich schreibt er aach mal Witze.

Doch jetzt is Schluß, die Mien is leer,
die Spitz is futsch, Gewinde aach –
korzum, es muß en neue her,
weil leider hat der halt de Schlaach!

Gespannt is mer, wie der wohl is:
so treu, geduldich, stes zur Stell?
Un aans, des hofft mer doch gewiß:
daß er net müd werd, schreibt schee schnell!

Schweigen ist Gold

So isses jetzt, kimmt er spät haam
aus seiner Singstund – stimmungsfroh,
kaa Wiedderwort, er is ganz zahm.
Die letzte Zeit war's nämlich so:

»Schämst du dich net?! Es is e Schand!
Die Nachbarschaft, was denkt die nur,
so spät schon widder – allerhand!
Von Besserung bei dir kaa Spur!« –

»Aamal die Woch – was willste dann! –,
da kann mer des doch mache!
Ich duh mei Pflicht un kann als Mann
üwwer dei Gemecker nur lache!« –

»Na, wart, ich werd dir's künftich zeiche,
im Frauenkreis meld ich mich aa!
Des duhste dademit erreiche,
dann sitzt du aach dehaam allaa!« –

»Jetzt mach mer nur net solche Bosse!
Was ich da mach, is nix debei!
Des bissi Freiheit duh mir losse!
Es bringt doch gar nix, dei Geschrei!«

So ging des lang als, hin un her,
gestritte wurd die halbe Nacht,
viel Ärger gab des un Malör,
drei Daach wurd e schepp G'sicht gemacht!

Jetzt mecht er des ganz aafach so:
kimmt haam un redd halt keinen Ton,
kaa Widderwort. Sie is da froh.
Sie meckert zwar, doch schläft er schon.

Des Degeescheredde reecht sie uff.
Er läßt des, geht schee weiter singe.
Zum Frauenkreis, sie verzicht dadruff –
die Zeit will se mit *ihm* verbringe!

Uffgeschlosse

Er lacht, is frehlich, uffgeschlosse,
e Weiprob war beim Winzer jetzt.
Sonst guckt er als gequält, verdrosse –
heut pfeift er un hat viel geschwätzt.

In Stimmung war er dann dehaam –
sei Frieda kennt ihn gar net mehr!
Orsch lieb war der, so richtich zahm –
da mitzuhalte fiel ihr schwer.

So e Spritzje mal – zu empfehle,
des werkt schon Wunner ab un zu,
mobil mecht des – net zu verhehle,
»uffgeschlosse« is mer im Nu!

Des klaane Jäckche

Sei Lieblingsjäckche is des halt,
des krumpelt net, werd's aach gedrückt.
Er träächt's schon, wenn's e bissi kalt,
duht wohl sich fühle, is beglückt!

Er is ja breiter worrn un dick;
es spannt e bissi, des Jäckche,
zu geht es net mehr, sei gut Stück,
die Falte duhn aach net mehr quetsche.

Doch duht er's aach gern offe traache
un fühlt sich aafach wohl dadrin.
Sei Fraa, die schimpft, duht immer saache:
»Des geht net mehr! Wo denkste hin?!«

Jetzt gab's e neues: grün, aus Seide.
Größer is des un ganz lescheer.
Gewiß, des is net zu bestreite:
E bissi mehr mecht des schon her!

Awwer jetzt – woher, war net bekannt –
en Flecke, groß, war hinnedruff!
Ärjer, Uffreeschung – es war e Schand!
Des alte bei – da reescht nix uff!

Taste

Es war schon spät, er hatt' aan sitze
un tastet sich de Wand entlang,
uff aamal fing es aa zu blitze,
da wurd ihm himmelangst un bang!

Schneller ging net, un an de Eck,
da holt er schon die Schlüssel raus.
Sei Orientierung, die war weg.
Paßt net – er war am falsche Haus!

Reechedroppe – was fer dicke!
Er hatt' kaa Chance, war dröppelnaß,
Schlüssel falle, mußt sich bücke,
sucht dann rum uff de dunkel Gass'!

Tastet weiter – endlich g'schafft!
Secht sich: Des derf nie mehr sei!
Zieht sich aus mit letzter Kraft,
naß schluppt er ins Bett enei.

Nach seiner Fraa duht er dann taste;
die schläft un mecht sich gar nix draus.
Er schwört: Vier Woche will er faste!
Die Nacht war korz, früh muß er raus!

Abstinent

Uff vieles duht er halt verzichte;
sein Dokter leecht es ihm ans Herz:
nix trinke, raache, anners richte
des Lewe, mindestens bis März!

Aach Weihnachte kaa Plätzjer, Stolle,
kaa Gans, kaa Fett, kaan Troppe Wei!
Laß alle mache, was se wolle,
uff schmale Kost stell dich jetzt ei!

So mecht er's aach, werd rappeldörr,
viel zu groß sin sei Klamotte.
Sei Fraa, die zoppelt – bees Gezerr.
Als Dörrab duht mer'n verspotte!

Des issem leid, jetzt geht es los!
Kartoffel gibt's mehr, Flaasch un Worscht,
dezu wie immer reichlich Soß.
Er stillt aach widder mehr sein Dorscht.

De Doktor maant: mehr Vitamine.
Des mecht er aach – Obst duht ihm gut.
So könnt mer seiner G'sundheit diene,
er soll mehr zügele sei Schnut!

Gedanke mache

Gedanke werrn sich oft gemacht:
Was trifft aam noch, wie werd es komme?
So mancher Geistesblitz erwacht,
un vieles werd sich vorgenomme.

Uff aamal kimmt's ganz annersrum,
mer muß es traache, ganz allaa,
un auszuflippe wäre da dumm –
mer kann ja doch nix ännern draa!

Geschafft

Früh begonne – Newwel, Eis un Schnee,
unfreundlich – Tempratur orsch unne,
lang zog sich's hie, es daht schon weh,
nervend Sach war's – unumwunne!

Dann, Mitte März, die Sonn kam raus.
Geschafft! Hawwe viele schon gedacht,
doch flippt de Gregor weiter aus,
weil als widder Frost war in de Nacht.

Aach mit de Blumme groß Malör:
Voreilich, wie sei Kättel war,
Primel fern Friedhof mußte her.
Üwwer Nacht de Schlaach – war doch klar!

Uff aamal war de Bann gebroche,
herrlich Wetter un richtich warm,
en Lichtblick fer die nächste Woche –
sein Garte is jetzt sei »Dehaam«!

De Gourmet

»En Gourmet – ei, was issen des?«
En Feinschmecker, kann mer aach saache,
im feine Lokal is »Esse« Streß –
er duht genüßlich sich rumplaache.

De Gustav hat damit kaa Last,
uff Hausmannskost werd da gesetzt.
Ihm is schon recht, wenn alles paßt:
Portione groß – de Kellner wetzt!

In seiner Wertschaft stimmt des alles,
er fühlt sich da gut uffgehobe,
nur neulich mecht de Gustav Halles,
da war die Kneip net grad zu lobe!

Er bestellt e Rippche un en Bembel.
E halb Stund mußt er dadruff warte
und mecht die Prob gleich uffs Exempel:
Vor Zorn setzt er sich naus in Garte!

Dem Kellner Willi tat des leid,
er hatt' de Gustav vergesse,
uff kaan Fall awwer wollt er Streit,
des maach er net, so Malässe!

De Gustav war bald widder drin
an dem Stammtisch bei seim Schoppe,
sein Ärjer, Unmut war dahin,
er duht widder sei Sprüchjer kloppe.

Un aans hatt' er dabei erreicht:
De Kellner spendierte e Runde.
Die Geste fer sei Gäste zeicht:
Der Ärjer war schnell üwwerwunde!

»Gourmet« is er halt beim Ebbelwei,
genüßlich duht er den da baafe,
sei Stammtischbrüder mit debei.
Wie Öl duht der nunnerlaafe!

Du, ich brauch Dich

Fer alles, wenn ich so bedenke,
Du bist besorscht, duhst mich betreue,
was ansteht, Du duhst's richtich lenke
schon viele Jahrn, immer uffs neue!

Details kann ich net uff hier schreiwe
un gutzumache is des nie,
ich bet, daß Dir die Kraft duht bleiwe,
saach herzlich Dank Dir fer die Müh!

Net auszudenke, gäb's Dich net,
Du bist fer mich des A und O,
wenn ich von Dir die Hilf net hätt,
kaa Vertelstündche wär ich froh!

Undank

Net umsonst secht mer des schon:
Undank is der Welten Lohn!
De Jean erlebt des immer widder,
Enttäuschunge, die sin oft bitter!

Stets selbstlos, verständich, hilfsbereit,
will aaner was, er nimmt sich Zeit.
Er fraacht da nie: Was bringt des ei?
Nur warmherzich, gut, des will er sei.

Korrekt und ehrlich, Rücksicht nemme,
so lebt er, duht's net anners kenne.
Doch leider hat's ihn oft bedrückt:
Er gibt zwar viel, krieht nix zurück.

Von weesche Rücksicht, Ehrlichkeit,
fer so was is mer net bereit!
Verständnis, offe? Keine Spur,
zu egoistisch denkt mer nur!

Gottlob sin ja net alle so.
Er hofft, daß mehr noch, wäre froh,
bescheidner wärn, gelasse, bedacht,
un er würd net so oft eigemacht!

Die Brill

Er hatt' aa. Langes Hin un Her,
am Äußere war nix zu klaache,
doch mit'm Sehe gab es Malör,
un eigedrückt hat se beim Traache.

Jetzt stellt mer fest: Is viel zu schwer,
siwweundsiebzich Gramm des Ding,
e neu, die mußte aafach her,
mit Kunststoffgläser, des wohl ging!

Nur dreiundreißich Gramm – aa Glück!
»Feddergewicht« – die sitzt un paßt,
un ganz modern, mer secht: schee, schick.
Vorbei jetzt mit der alte Last!

Ob nah, ob fern, mer sieht jetzt gut,
es rutscht nix beim Wackle, Lache,
de Optiker mecht aam noch Mut:
Zehn Jahr jünger däht die mache!

Nur zu empfehle, grad ältre Leut,
doch alt sei kann mer, wie mehr will,
mecht mer dahie. Des bringt schon Freud.
Verjünge duht aafach e neu Brill!

Behindertengerecht

Vieles werd oft so angepriese:
Uffzüüch, Lokale, Zugangsweeche,
WCs, Hotels mit Liegewiese.
Doch is mer dort, werd mer verleeche.

Meistens net »behindertengerecht«,
da fehle Griff', fern Rollstuhl zu schmal.
»Behindertenfreundlich«, wenn mer secht,
wär's besser, und es gäb kaa Qual.

Behinderte verlasse sich druff,
daß – wie dehaam – es fuktioniert,
wenn's net so is, des reecht nur uff,
mer kimmt dahie un is frustriert!

Drum sollt mer, maan ich, präziser sei
un besser druff achte, was mer secht.
»Behindertenfreundlich« sin viel debei,
doch oftmals net »behindertengerecht«!

Warum

Des Fraachewort »warum«,
mer setzt des so oft ei,
doch meist – aafach zu dumm –
bleibt's bei der Fraacherei.

Weil: Antwort gibt's da kaa.
Des Wort könnt mer sich sparn.
Warum nur – also naa?
Hier werd mer's nie erfahrn!

Lebensgefährlich

Wer denkt dadraa? Nur selten aaner,
weil Einschränkunge will doch kaaner!
Viel esse, trinke, fett un süß,
dann kimmt de Daach, da geht es mies!

Blutentnahme – bees Resultat,
en pathologische Salat!
Senkung, Blutfett sin viel zu hoch,
Eisen- un Lewwerwerte noch,
Calcium, Kalium – dorschenanner,
des Cholesterin is en Jammer!

Und 's EKG zeicht aach Systole.
Den Kram, den soll de Deiwel hole!
Des ganz Gedärm net in de Reih.
Da soll noch aaner fröhlich sei!

Awwer's hilft ja nix, mer muß sich füche,
sonst geht des schnell, mer mecht die Flieche!
De Konrad hat jetzt reduziert:
Erst war er »down«, ganz schee pikiert.

Doch's geht aach anners, sieht er ei,
er fühlt sich wohler dadebei!
Mecht ohne Gram jetzt »FdH«,
un gern mecht mit da aach sei Fraa.

Beide sin die jetzt schee schmal,
kaan Bauch voll Luft, fast keine Qual.
Und aans de Fraa des gut gefällt:
Sie spart en Haufe Haushaltsgeld!

So e Lebensweis, bissi spärlich,
is dann net mehr lebensgefährlich!

Verkaufsschenie

Ich kenn da aan, der mecht dahie
zum Flohmarkt als Verkaufsschenie.
Nix werd bei dem mehr fortgeschmisse.
Verwandte, Freunde duhn des wisse.

Doch trotzdem werrn sei Vorrät all:
Bilderbücher, Nachttopf, Ball,
aale Möbel, Kaffemühle,
Bobbeküch, viel Zeuch zum Spiele,
Wolldecke un aale Waffe –
beim Transportiern muß er viel schaffe.

Jetzt is e neu Idee ihm komme:
Gekaaft werd un glei mitgenomme
von annern Händler billiche Kram.
Er träächt des Zeuch net lang erst haam,
nur zu seim Standplatz duht er laafe
un mit Gewinn die Sach verkaafe.

Mecht so Profit un hat dann aach
paar scheene Mark am Flohmarktdaach.
Un wichtich is: Er war debei –
sei Flohmarktfieber is vorbei!

Hallo

»Drückt erschendwas, drückt's erschendwo?«
Des wüßt mer gern, secht mer »Hallo«.
Dann wart' mer erst die Antwort ab.
Is die nur korz, sprich: aafach knapp,
waaß mer genau: Es geht net gut!
Am beste hält mer da sei Schnut.

Üwwerschwenglich

Glück, Erfolch, Gesundheit un Geld,
des alles hatt' er, nix zu klaache.
So war er froh uff dieser Welt,
euphorisch duht er's jedem saache.

Daß sich des ännert – kaan Gedanke.
Zu schee war's, es lief alles glatt.
Uff aamal kam des doch ins Wanke.
Er war gedrückt, e bissi matt!

E Krankheit hat ihn zahm gemacht,
vorbei war die Üwwerschwenglichkeit,
Erfolch, Geld wurd net mehr bedacht –
es kam fer ihn e anner Zeit!

Jetzt guckt er nuff: Gott, helf mer schnell!
Du kannst mer alles widder nemme,
nur geb mer doch uff alle Fäll
mei G'sundheit widder! duht er flenne.

Silvester und viele Vorsätz

Des »Alte« geht, des »Neue« kimmt,
gefeiert werd, gezecht, genosse,
viel Vorsätz hört mer da bestimmt,
mit Feuerwerk werd rumgeschosse.

Im letzte Jahr warn se beim Karl.
Was wurde da all versproche!
Mer hatt's fest vor, uff jeden Fall –
gehalte wurd des nur zwaa Woche!

Dies Jahr beim Schorsch. Morjens sin se haam,
gleich hatte se de erste Zoff:
Erst war die Lisa richtich zahm,
doch dann, um zwaa, wie immer schroff.

Er hatt' gelobt, net viel zu trinke,
un raache wollt er aach net mehr.
Es daht ihm selbst e bissi stinke.
Mit Korze, Zigarrn ging's heiß her!

Es war schon so: Widder versaacht,
gut los ging's wohl im neue Jahr.
Sei Lisa hatte recht, sie klaacht:
Von »seine Sprüch« is gar nix wahr!

Dann komme dene vier entgeeche:
Zwaa Männer wurde abgestützt
von Fraue, die warn orsch verleeche,
sie hatte Last, hawwe geschwitzt.

Die Mannsleut hatte schee aan hänge.
Er secht: »Guck, bei annern is des aach,
so Spritzi läßt sich net verdränge,
da hilft kaan Vorsatz – gar kaa Fraach!«

So sin se haam un ham gestritte,
Vorwörf hie un viel Vorwörf her.
Hör endlich uff, duht er sie bitte –
wie immer war's des alt Malör!

Korzum, die Vorsätz warn dahin,
de Lisa stelle sich die Haar,
so vieles hatt' mer schon im Sinn,
doch's bleibt grad wie im alte Jahr.

De Realist

Was halt is, des muß mer traache,
da hilft kaa Jammern un kaa Klaache.
Mer nimmt die Bürde, wie se ist,
und bleibt – wenn's geht – stets Realist.

Abwarte

Im Krankenhaus werd's aam gelehrt:
schee ruhich verhalte, keine Eile.
Unnersuchungsarte, orsch verkehrt,
da gibt's viel Angst bei dem Verweile.

Blutentnahme un Ultraschall,
Röntge, Spiegele, EKG,
stets was anners, uff jeden Fall
viel Überraschunge – gar net schee.

Visite täglich, Ärzt in Scharn,
Schwestern un Pfleger sause rum.
Ergebnis däht mer gern erfahrn,
doch keine Chance – die bleiwe stumm!

Wann derf ich haam, is des vorbei?
Mit Freud däht mer zum Ausgang starte,
es hilft da keine Treiberei.
Immer heißt's: Geduld un abwarte!

De Lebenswinter

Gemaant is net die Jahreszeit –
vom Lebenswinter will ich schreiwe,
der hört nie uff und mecht sich breit,
er läßt sich aafach net vertreiwe!

Krankheit, Trennung un aach de Tod,
Neid un Mißgunst, Armut debei,
Arbeitslosigkeit, Sorje, Not,
Wehmut, Trauer un Einsamsei.

Verstoßenheit, oft Demut aach,
Ausgegrenztsei, gepaart mit Haß,
Bevormundung, oft ganz schee Plaach,
viel Kummer, Leid – des mecht kaan Spaß!

Weil: schenner wär doch Wohlergehn,
wenn öfter mal die Sonn däht scheine,
bei manchen läßt se sich ja sehn,
doch net bei allen, wie ich meine.

Nur is da gar nix draa zu mache,
mer muß des nemme, wie es kimmt,
wenn's noch so trüb is, nix zu lache –
aach »Frühling« werd's mal, ganz bestimmt!

Ins Freibad

Endlich Wetter, Sonn, schee warm,
die Kühltasch ziemlich voll gepackt,
Badetücher üwwerm Arm,
die Fußnäächel sin rotgelackt.

So is die Mama mit zwaa Kinner,
die Mädcher hawwe sich gefreut:
ins Freibad – Schluß mit dem Gewimmer!
Erfrische wollt mer sich mal heut.

Viel Betrieb, aa Kabin zu vert,
ins Schließfach Kleider un Papiern,
e Kolter mit – mal sehn, wie's werd –
zur Lieschewies, Mordshitz zu spürn.

En Schatteplatz am Kinnerbecke,
zwar is da viel Tumult, orsch laut,
doch Bess'res war net zu entdecke.
Erst wurd die Kühltasch mal verstaut.

Schee mit de Kolter eigeschlaache,
Kabineschlüssel debei geleecht.
Kühlt euch ab, duht die Mama saache,
zur Dusch, so kalt, wie mer's verträäscht!

Herrlich war's, des Frische duht gut.
Schee Unnerhaltung, wettgeschwomme,
vom »Dreier« Schießer, mer zeicht Mut.
Uff aamal sieht mer Wolke komme.

Es blitzt un donnert, dann kam Reeche,
Gedränge war beim Kleiderhole,
es gab nur aans: sich flott beweeche.
Jeder rennt un guckt verhohle.

Im Bikini ins Auto nei,
die Kleider hatt' mer uffem Schoß,
dann duht die Mama en Mordsschrei:
ihr Potmonää, wo is des bloß?

Geklaut? Verlorn? Sie waaß es net.
De Paß, Papiern, warn gottlob da.
Auf, nix wie haam! Da wart' – jed Wett –
ganz sicher schon unser Babba!

So war's aach. Der hat schee gestaunt,
wie er sei »Grazie« fast nackt sieht,
un war aach ganz schee mißgelaunt,
wie er's vom Potmonää g'sacht krieht.

Fast hunnert Mark hatte de Schlaach.
Was soll's – die Hauptsach, g'sund dehaam.
Fern Babba gab's da gar kaa Fraach,
er nahm se alle drei in Arm.

Doch aans, des hat er net bedacht:
Am Esse spart sie manches ei.
Die Mama hat schon Plän gemacht –
kaa Bier gibt's un kaan Ebbelwei!

Die Fahrradtour

De Konrad hat e Tour gemacht,
mit'm Fahrrad üwwer die Märchenstraß
von Hanau bis Bremen – 's war e Pracht,
doch zeitweis orsch trocke un schee haaß.

Vom Hanauer Marktplatz, Grimm-Denkmal,
werd jed Jahr gestartet diese Tour.
Zwölf Daach dauert die allemal,
vom Amt fer Bildung, Sport, Kultur.

Sechshunnert Kilometer die Streck,
en Reiseweech vom Maa bis zum Meer,
was mußt mer strampele, war ganz weg,
fer die Aache war's was und's Gehör!

Viel Kunst un Kultur, es war sagenhaft
im Kinzigtal, Spessart un Vogelsberch,
üwwer die Schwalm zum Norden wurd's geschafft,
sattgrüne Ebene, Aue, manch Kerch.

Un Märchen: »Frau Holle«, »Schneewittchen« zart,
»Dornröschen«. Viel Sagen, Legende.
»De Strolch«, »Hans im Glück«, »Dr. Eisenbart«,
»Aschenputtel« un mehr noch – kein Ende!

»Max un Moritz«, »Bremer Stadtmusikante«,
mer kann se werklich net all uffzähle.
In de Reisegrupp find mer sei Bekannte.
Gut betreut war mer, muß mer erzähle.

Er hatt' aach Pech: zwaamal en Platte,
Rückgratschmerz un en klaane Wolf.
Uffn Sattel kam e Päckche Watte,
Geschwitzt hat er als wie beim Golf.

Sei Hinnerteil hat er geschont,
abends steht er nur am Tresen.
Net setze hat sich schon gelohnt,
weil tagsdruff is er fit gewesen.

Da tritt er fest un pfeift debei,
er is fidel un denkt an Schoppe,
sei Lung pumpt gut, er fühlt sich frei,
er babbelt, duht sei Sprüchjer kloppe.

Am letzte Daach lacht er sowieso,
er kimmt bald haam zu seiner Fraa,
dehaam sei Bett, de Bobbes is froh.
Er hofft, es sin kaa Schwiele draa!

Stolpern derfste, awwer net falle

Manchmal werd mer doch als verrickt,
viel Stolperstaa in unserm Lewe,
nur paßt mer uff da ganz geschickt,
bleibt mer stabil, lieht net denewe.

Weil, wenn mer fällt,dann isses schwer,
widder hoch zu komme kost viel Kraft,
mer hofft, daß wo e Hilf kimmt her,
denn ganz allaa werd's net geschafft.

Mer kriehtse aach in Weech geleecht,
so Stolperstaa von manche Leut,
die hawwe's gern, wie mer so secht,
wenn mer uffdotzt, ham die ihr Freud!

Nix draa zu mache

So vieles hätt mer, wie ich maane,
gern anners gewollt in seim Lewe,
fers Lebensbild en scheene Rahme,
daß alles klappt, wär des Bestrewe.

Doch leider geht's net, wie mer denkt,
da komme so viel Schwierichkeite,
unüberwindlich – des wohl kränkt,
un dauernd duhn die aam begleite!

Vielleicht dann öfter »trotzdem« saache,
gibt's aach viel Kummer un Verdruß,
mer hätt »berechtigt« Grund zum Klaache,
doch's hilft nix, maane ich am Schluß.

Unklar

So viel is unklar wohl im Lewe:
Was kimmt, wie's werd, des waaß mer net,
un jeder hat doch des Bestrewe,
owwe zu schwimme, schee im Fett.

Doch sackt mer leider aach mal ab,
dunkel werd's mal, trüb un trist,
mer kämpft dann, weil sonst mecht mer schlapp,
kimmt oft net aa geesche den Mist.

Fern Pit is klar jetzt: Widder nix!
Er hat mal Lotterie gespielt,
paar schene Mark warn fort ganz fix,
fers Reichwerrn hat er nix erzielt!

Öfter lache

Lachen is der Glanz der Seele.
En Philosoph hat des gesacht.
Des Muskelspiel duht aam net quäle,
drum werd empfohle: Mitgemacht!

Öfter lache is ganz wichtich,
sich selbt mecht mer un annern Freud,
entspanne, löse duht des richtich,
mer kimmt gut aa bei viele Leut.

Erwidert werd des oft – aa Glück,
es wär ja sonst zu ernst, des Lewe.
Wie mer sich gibt, so kimmt's zurück,
drum sollt mer des doch mehr aastrewe.

»Golden Goal«

Erlösung wie e »Golden Goal«
war jetzt fern Fritz die Nachricht wohl:
Sein Chef erhöht ihm des Gehalt,
un zwar sofort un net erst bald!

Sei Konto muß gefüttert werrn,
dann strahlt es widder wie en Stern.
So isses nix – es is verblaßt,
weil's Ei- mit'm Auskomme net paßt.

Wilkomme

Was wär alles so willkomme,
mit Freud verbunne, Spaß un Glück,
fer des werd vieles unnernomme,
mer hätt gern immer klaren Blick.

Nur gute Note in de Schul,
un angesehe will mer sei,
am richtche Ort en scheene Stuhl.
Uff kaan Fall will mer Streiterei.

Gut esse, trinke, scheene Zeite,
des ganze Umfeld sollte stimme,
nix Schlimmes mög sich je verbreite.
Was mer sich vornimmt, soll gelinge.

Korzum, so hätte des all gern,
viel Frehlichkeit un kaa Gewimmer,
von jeder Trübsal immer fern.
Doch denkt draa: Des geht net immer!

Teste

Kaum verheirat, duht er teste,
kimmt oft aus seiner Kneip spät haam.
»Hör mal«, secht sei Lieb, »des läßte!
Ich lieh hier wach, bin lennelahm!

Des nächste Mal bin ich debei,
ich kann ja sowieso net schlaafe.
Ich will doch immer bei dir sei,
un du sollst nie allaa rumlaafe.«

Gemeinschaftssinn

Des mecht stark, bricht alle Welle,
da kann aafach gar nix passiern,
e Bollwerk fast, fer vieles, gelle?
Zusammenhalt duht sich rentiern!

Es sin als ungeahnte Kräfte,
die greife an, wolle zerstörn,
nemme fer sich so alle Rechte.
Von annern wolle die nix hörn.

So viele klaane Dinge oft,
die mache des Lewe schwer.
Mer schießt da quer ganz unverhofft,
doch hält mer z'samm, kaa Chance mehr.

Dann gewwe se uff. Es hat kaan Wert,
die sehn da keine Möglichkeite,
die Querköpp spürn, sie sin verkehrt,
könne sich allaa rumstreite.

Animiern

Ach, trink noch aan un eß noch was,
paar Korze aach un Zigarette,
geh noch net haam, hier haste Spaß.
Dehaam nur Knottern – jede Wette!

So werd da mancher druffgehobe,
un gute Vorsätz sich verliern,
doch Sparsamkeit, beim Fritz zu lobe:
fern Bembel net zu animiern.

Wasser

Brauche mer, um lewe zu könne.
Recht sinnvoll soll mer des verwende.
Ohne des wär's wohl zum Flenne.
Uff kaan Fall derf mer des verschwende!

Wasser is Lewe, kann mer saache,
aus dem geht alles doch hervor,
da brauch mer garnet lang zu fraache.
Den Mahnern drum e offe Ohr!

Weil des vermehrn, des geht wohl net,
des Lebenselement brauch sich uff,
schickt's uns de Himmel, wie mer's gern hätt,
ganz dankbar guckt mer da enuff.

Un hofft, daß die Reserve reiche.
So denke sollte groß un klaa,
vernünftich müsse sich all zeiche –
net nur zum Wasche is des da!

Kleinmut

Er sieht nur schwarz un hat kaan Mut,
bei allem denkt er: Was könnt sei?
Dann klappt es meistens ja ganz gut,
er krieht des ganz schee uff die Reih.

Was bringt des aach, die Ängstlichkeit?
Es kimmt ja doch, wie's komme soll.
Drum mehr riskiern, mit Mut bereit,
un net sogleich die Hose voll!

Uffschiebe

Ich hör doch werklich uff zu raache,
en schlimme Huste duht mich plaache!
So maant de Pit. Doch hat's noch Zeit,
erst nachem Urlaub is soweit.

Denn secht er: »Bis zum Herbst geht's noch.«
Danach hört mer nur: »Nächste Woch!«
An Weihnachte heißt's: »Im neue Jahr!«
Im März mecht er des dann werklich wahr.

Da quält ihn noch e ganz schwer Gripp,
es duht ihm weh des ganz Geripp.
De Doktor maant, es wär höchst' Zeit,
sonst zählt er zur Vergangenheit!

Da krieht er Angst, er schwört en Eid,
zum Uffhörn isser jetzt bereit!
Ins Gras beiße, so früh – oh wei!
Vergange will er noch net sei!

Hoffnung

Hoffnung gibt's im ganze Lewe,
wenn mer aach is mal ganz tief unne,
drum als versucht, die aazustrewe,
sucht mer die, werd se aach g'funne.

Als Jüngling hofft mer uff gut Partie,
daß alles glatt lääft, wo's aach is.
Beruflich weiterkomme will mer früh,
e gut Gehalt dann ganz gewiß.

Werd mer mal krank, des könnt ja sei,
da werd gehofft uff alle Fäll,
daß bald is des Malör vorbei,
uff G'sundheit, Fitwerrn hofft mer, gell?

Aach hofft mer wohl so jedes Jahr
uff schee Urlaubswetter, gut Quartier,
bei Gartefestcher Sonn fürwahr,
daß nix Unliebsames sich da rühr.

Un dann im Herbst – gut Ebbelernt
fer Süßer, Rauscher, Ebbelwei,
daß Lebensfreud sich net entfernt
den brauch mer, weil der schmeckt doch fei!

So viel Sache wärn noch zu nenne,
die mer erhofft – aafach gern hätt.
De Onkel Fritz duht's oft benenne,
die Woch klappt's, ich mach jede Wett:

Er maant nämlich, er wär debei
beim Lotto, de Klasselotterie,
doch widder war's nix, sollt net sei.
Uffgewwe duht er desweesche nie!

Debeisei

De Fred wär aach oft gern debei,
fern Rollstuhl is des awwer schlecht,
es müßt so vieles anners sei,
aafach »behindertengerecht«!

Da denke ja so wenich draa,
beim Baue kimmt da kaan Gedanke,
versaache könnte aam die Baa,
mer käm dann selbst emal ins »Wanke«.

So kann er vieles net erreiche,
leider is des öfter de Fall,
Unmut duht er deshalb net zeiche,
weil's is – gottlob – net üwwerall!

Bescherung

En Daach devor, da is was los:
renne, richte, Einkäuf mache.
Der Kinner Laun, die is famos,
erwartungsfroh sin die un lache.

Fer siebzeh Uhr am Heilsche Abend
is die Bescherung festgeleecht.
Die Christbaumkerze sieht mehr strahlend
dorschs Schlüsselloch. All sin uffgereecht.

Dann hört mer schließe, die Tür geht uff,
des Christkind is die Tante Grit,
es Glöckche klingt – ganz echt, kaan Bluff –,
die Spieluhr mecht aach kräftich mit!

Stille Nacht un Heiliche Nacht,
besinnlich, alle duhn se singe.
De Hans, der hat sich vorgemacht,
er will jetzt sei Gedichtche bringe.

Zeit hatt' er kaa, er wollt ja sehe,
was fer ihn lieht uff'm Gabetisch,
drum muß des Uffsaache schnell gehe.
Noch länger warte? Ferchterlich!

Zwaa Spiele warn bei seine G'schenke,
er nimmt aans un geht ins Nachbarhaus,
an sein Freund Willi duht er denke,
dort sah die Bescherung ärmlich aus.

Sein Vadder starb vor verzeh Daach.
Viel Trauer, Wehmut un aach Schmerze,
trüb Stimmung war – ganz ohne Fraach:
Kaa Bäämche gab's, dunkel, kaa Kerze.

De Hans war da schon e bissi licht,
paar Plätzjer hatt' er noch debei.
De Willi mecht e anner G'sicht,
aach de Mama sollt es leichter sei.

Trotzdem kam vieles in de Sinn,
de Babba fehlt halt, 's war als schee.
Bescherung ohne ihn is schlimm,
des duht – kaa Fraach – schon werklich weh.

Doch leider gar nix draa zu mache,
vielleicht guckt er von owwe zu
un hilft zu traache diese Sache,
erbittet Linderung un Ruh.

So denke die Mama, Willi, ihrn Sohn.
De Hans nimmt da besinnlich teil,
wenn aach noch klaa – doch bet' er schon:
Gott, halt unser Familie heil!

Aach des sin Weihnachtsfestgedanke,
net üwwerall lääft alles glatt.
Bescherung kimmt da oft ins Wanke,
wenn mer Sorje un Kummer hat.

De Hans is widder haam, ganz schnell,
un hat se all emal gedrückt,
dankbar war er uff alle Fäll,
sie warn beisamme – des beglückt!

Auf die Plätzchen – fertich – los!

De Hans freut sich, un die Kinner aach.
Die Mama mecht sich zwar groß Müh –
sie finne die Plätzjer, ohne Fraach.
E sicher Versteck findet sich nie!

Sie schmecke besser, maant de Hans.
Weihnachte is mer viel zu satt:
Stolle, Süßes, des Mordsvieh Gans –
uff Plätzjer mer kaan Bock mehr hat.

So kimmt es, wie es immer war:
die Dose, Schüss'le sin fast leer.
De Mama stelle sich die Haar:
doch neue backe geht net mehr!

Sympathie

Dadruff verzichte will mer nie
im Lewe, des in viel Bereiche:
Mer schätzt Anerkennung, Sympathie
un hofft, viel Mensche duhn's aam zeiche.

Als Kind schon un später, wenn mer groß,
drängt mer denach un will se doch spürn.
Werd's net gezeicht, da is was los –
die Sympathie soll sich stets rührn.

Des is ja gut, doch uff kaan Fall net
sollt mer eigebildet sei, gewiß,
aach'm annern zeiche, weil er's gern hätt,
daß er doch recht sympathisch is.

Friede auf Erden

Den wünscht mer sich un spricht devon
üwwerall, in viele Bereiche.
Am Weihnachtsfest, der Tradition,
da glaabt mer, müßt mer des erreiche!

Doch widder war's nix. Aach letzt' Jahr
viel Unruh uff de ganze Welt.
Es kann nix werrn, des is doch klar,
weil es den Bösen net gefällt!

Un gibt mer sich die größte Müh,
duht teile, bete, is ganz zahm,
ich glaab, den gibt's net, sicher nie.
Die Mensche brauche so en Kram!

Einbahnstraß'

Es is mer beim Lese bewußt geworrn –
Agatha Christie hat's gesaacht:
Im Lewe geht mer ohne Zorn
nur vorwärts – un des unverzaacht!

Weil's Lewe is e Einbahnstraß,
mer soll's net anners sehe,
aach der Versuch is, wie mer waaß,
erfolglos. Deshalb net umdrehe!

Also, Nas nach vorn un schee gradaus,
die richtiche Richtung im Blick,
un kaa Spirenzjier newenaus –
es geht halt net, will mer zurück!

Die gute Tat

Net erwähne wär aafach schad,
weil: so was is nachahmenswert.
»Kastanienwald« – die gute Tat.
Hier denkt mer herzlich, net verkehrt.

Im Sommer werrn hier eigelade,
MS-Betroffne, gut betreut,
dem net folche, des wär schade,
kaa Last un Arbeit werd da g'scheut.

Vereinsmitglieder mühe sich
mit Kaffee, Kuche un mit Torte,
Salate, Wörschtscher uff die Tisch',
Getränke nach Wunsch, alle Sorte.

Des duht schon gut, ganz ohne Fraache,
Wärme spürt mer und Lebensfreud.
Vorbildlich, muß mer da wohl saache,
zu lobe sin so gute Leut!

MS: Multiple Sklerose

De krumme Finger

Jahrelang den krumme Finger –
de klaane war's an de link Hand.
Die annern vier warn grad, die Dinger,
doch der klaa Kerl – es war fast e Schand!

Auf zum Chirurg, der operiert,
wie'n Zauberer mecht der den grad.
Paar Schmerze hat mer da schon g'spürt,
doch den krumm lasse wäre schad!

An de anner Hand – is die rechte –
aach en Krumme, der mecht Malör,
werd aach gestreckt, wie mer des möchte,
doch eilt die Sach ja net so sehr.

Was bringt awwer die Uffschieberei?
Da muß mer dorsch, fällt's noch so schwer.
Was halt sei muß, des muß ewe sei –
Hauptsach, kaa krumme Finger mehr!

Sich Zeit nemme

Es ist schlimm heut, kaaner hat Zeit,
trotz Technik, die's aam leichter mecht!
Hektik un Streß mache sich breit.
E nervich Sach, wie mer so secht!

En Aacheblick besinnlich sei,
den Nachbar aafach mehr beachte,
der spürt genau, wie mer debei
duht helfe sei Problem betrachte!

Doch leider sin net viel bereit
fer zuzuhörn, mal Zeit sich nemme,
bewußter lewe mit Herzlichkeit. –
Mer sieht nur Leut, die hetze, renne.

Warum dann nur? Es lääft nix fort.
Mehr Ruhe, Liebe, Sachlichkeit,
des werd geschätzt wohl da un dort,
weil mer da spürt: Der hat mal Zeit!

Kurt Bambach
geboren 1930, wohnhaft in Frankfurt am Main, schreibt schon lange Zeit Mundartverse.

Bei vielen Anlässen bereitet der pensionierte Beratungsingenieur seinen Mitmenschen mit seinen humorvollen Versen Freude. Obwohl er infolge einer Erkrankung schon viele Jahre an den Rollstuhl gefesselt ist (liebevoll betreut von seiner Frau), sind seine Aktivitäten – z.B. seine regelmäßigen Lesungen am Literaturtelefon der Telekom, seine Veröffentlichungen in Zeitungen, Zeitschriften o.ä. und seine Lesungen in Gruppen, bei Vereinen oder bei Seniorentreffen – stets beliebt. Das vorliegende, bereits siebte Buch von Kurt Bambach ist auch sein persönlichstes.

Kurt Bambach wurde 1993 mit dem Ehrenbrief des Landes Hessen ausgezeichnet.

Im Verlag Michaela Naumann, vmn, sind bisher von Kurt Bambach erschienen:

Zum Hersch (1989), vergriffen

Da hasde Töne ...
Hessisch Hausmusik (1991), 12,80 DM

Omas nadierliche Ratschläääch
un annern Versjer (1992), 14,80 DM

Reddensarte
Weis- und Wahrheite, Vers un Witz aus Hessen (1994), 14,80 DM

Blumme – redde nix un saache viel
Blumiges in hessischer Mundart (1995), 19,80 DM